HISTOIRE DROLATIQUE

DU

BARON

DE LA

PANETIÈRE

PAR

JEAN - LOUIS

Prix : 10 centimes

1872

BONNARDEL, IMPRIMEUR A NYONS

(Drôme).

HISTOIRE DROLATIQUE

du

BARON DE LA PANETIÈRE

—

Frère, il faut mourir !
LES TRAPPISTES

Afin de pouvoir se remettre au travail avec entrain, on a besoin de s'amuser un peu de temps en temps. Les choses sérieuses fatiguent à la longue.

Nos honorables députés n'ont pas oublié ce précepte de Cicéron. Ils ont pris leurs vacances avec une joie toute juvénile, et continuent à chanter goguettes de la plus belle humeur du monde.

Ma foi, puisque « rire est le propre de l'homme, » pourquoi ne rigolerions-nous pas un brin à notre tour ?

Pour cela faire, nous dirons rapidement par qu'elle suite exubérante de circonstances et de métamorphoses Fanfan Boulard est devenu l'illustre Baron de la Panetière.

Pierre Boulard habitait, loin de tout humain séjour, une cabane sur la lisière d'un bois touffu. Il avait pour toute fortune ses bras nerveux, une femme, Fanfan son fils, quatorze moutons, trois chèvres et deux ânesses.

Pierre était charbonnier. Il excellait dans le métier de placer les bûches et faisait les fagots comme Sganarelle.

Sa ménagère Dorothée attachait tous les matins deux sacs de charbon sur chaque ânesse et conduisait le tout à la ville.

Fanfan avait la garde du troupeau. Sa vocation le portait de ce côté; car il aimait à tourmenter toute créature plus faible ou moins méchante que lui.

En été, Fanfan se levait à l'aube, goinfrait cinq ou six assiettées de soupe, et glissait dans les larges flancs de sa panetière de toile écrue trois livres de pain et un gros fromage.

Ces respectables provisions de bouche n'étaient qu'un à-compte. Fanfan mangeait comme Pitou. Quand sa besace était vidée, il se sentait défaillir. Il abandonnait donc ses moutons et venait quérir un second pain, pour nourrir, disait-il, le ver solitaire.

Bien repu, Fanfan obéissait à ses penchants. Il clouait des grillons à l'écorce des arbres, confectionnait des prisons d'argile pour les papillons, et coupait la queue aux lézards.

Faute de mieux, ou selon ses caprices, il brutalisait ses moutons, qui étaient presque tous couverts de cicatrices ou mutilés. Les uns étaient boîteux, les autres n'avaient qu'une corne...

Assis sur le tronc d'un chêne qu'il avait abattu, Pierre Boulard était un jour absorbé dans cette désolante pensée :

Fanfan grandit et son appétit augmente d'autant. Mon industrie ne suffira bientôt plus à lui fournir assez de pain de seigle pour le rassasier.

Il a détruit la moitié du troupeau. Si je le réprimande, il me menace. Que ferai-je de ce mauvais garnement ?

Dorothée, qui revenait de la ville, parut soudain, montée sur une ânesse et poussant l'autre devant elle.

La bonne femme était impressionnée à ce point, qu'elle ne put proférer une parole en apercevant son mari. Le bonheur la suffoquait.

Enfin, comme la langue des femmes ne saurait rester longtemps paralysée, Dorothée se mit à raconter des choses si invraisem-

blables, si extraordinaires que Boulard crut
sa chère moitié atteinte de folie...

Bref, le maire avait communiqué à Dorothée une lettre qui annonçait à Boulard un
héritage de cinq cent mille francs, légué par
un sien parent enrichi... par le choléra,
c'est-à-dire en ensevelissant ses victimes.

En possession de cette immense succes-
sion, Pierre Boulard changea de chemise,
afferma la cabane et ses dépendances et a-
cheta un hôtel dans une cité populeuse,
afin d'être dans le grand monde et de pouvoir faire donner à Fanfan, qui avait alors
seize ans, une brillante et solide éducation.

En s'éloignant de son pays, Boulard avait
encore un but : cacher son origine.

Il s'empressa de quitter son véritable nom
et de se parer d'un titre en rapport avec sa
fortune.

Ce n'est pas assez de s'anoblir, il faut
s'anoblir *noblement*. La famille chercha longtemps.

Boulard de la Charbonnière?... Ça est
trop noir et touche au métier de trop près.
Boulard des Anesses?... Ça n'a l'air de
rien.

Boulard de la Panetière, risqua Fanfan,
se rappelant qu'il devait à son bissac les

plus beaux moments de son enfance.

Le mot fut admis à l'unanimité du trio.
On fit disparaître *Boulard*, qui était un ter-
me trop rude, et on le remplaça par *Baron*.

Cette petite transformation accomplie à
huis clos, Fanfan fut lavé et peigné, après
quoi il entra au lycée pour apprendre la for-
me des lettres de l'alphabet.

Boulard dit gravement au proviseur : « Je
vous amène le jeune Baron de la Panetière.
Je désire qu'il fasse des études selon son rang
et se montre digne de ses ancêtres, qui ont
tous été de fortes têtes. »

Le nom ne fait rien à la chose. Fanfan, en
dépit de sa particule, resta Fanfan comme
devant. Il apprit à lire et à signer, mais ce
fut tout.

A défaut de science, il acquit un or-
gueil effroyable. Il traitait de roturiers les
fils des bourgeois et des commerçants.

A peine eut-il terminé « ses classes, » qu'il
s'habilla d'une manière excentrique, lorgna
impertinemment les femmes, marcha sur les
pieds des hommes du peuple, et se fit détes-
ter de tout le monde...

Le père Boulard étant mort, Fanfan re-
tourna à son village, construisit une maison
de plaisance sur l'emplacement de la cabane

qui l'avait vu naître, et étala les titres nobiliaires qu'il avait usurpés, brodant là-dessus je ne sais quelle fable.

Aux yeux des ignorants, rien ne commande l'admiration et le respect comme les richesses. Les paysans ne parlaient à M. de la Panetière qu'en s'inclinant et chapeau bas.

Ils appelèrent sa villa le *château* et donnèrent au propriétaire le surnom de *seigneur*.

Ils ignoraient, ces braves campagnards, que les seigneurs ont fait, pendant des siècles, labourer les paysans comme nous faisons aujourd'hui labourer les chevaux; ils ignoraient que les châteaux-forts, dont on voit encore des ruines, étaient des cachots où le peuple a enduré, sans motif, les plus affreux tourments...

Toutefois, ce n'est pas une histoire du moyen âge que nous esquissons, ce sont les diverses phases de la vie d'un serviteur de l'empire.

Il y avait en M. de la Panetière toute l'étoffe d'un député officiel. Le gouvernement se l'attacha. Et, aux avant-dernières élections législatives de Badinguet, Fanfan Boulard, par la grâce des vendus et de l'imbécillité du peuple, fut élu à une immense majorité et eu l'honneur insigne d'aller serrer la main à l'Auvergnat Rouher.

A l'instar de ces magistrats dont parle le poète, lesquels avaient jugé dix causes sans les entendre, Fanfan ronflait sur son banc et votait au hasard, — quand il daignait se déranger pour si peu.

D'ailleurs, il ne connaissait pas même la signification des billes.

Le Quatre-Septembre ramena Fanfan à ses habitudes normales.

Sachant, malgré son peu d'intelligence, que la République est un gouvernement rationnel, Fanfan fit aux populations un épouvantail de ce nouveau régime, en criant partout que les *rouges* allaient pendre les curés aux tours des églises, partager les terres et assassiner les honnêtes gens.

Ayant ainsi semé la terreur, Fanfan simula la peur et rentra dans son parc, où il posait des collets pour les lapins et pêchait aux grenouilles.

Mais bientôt après, les Prussiens envahissant la France, le preux Baron de la Panetière confia sa maison à ses domestiques et se retirera auprès du pape, qui lui donnait journellement sa bénédiction.

Les trahisons successives des fonctionnaires

ineptes et corrompus de l'empire ayant livré
la France à l'étranger; de parjures et fanfa-
rons républicains ayant pleurniché, au lieu
de fonder la République; les monarchistes
ayant effrayé et trompé le peuple par leurs
mensonges, notre malheureuse patrie est tom-
bée au pouvoir de Guillaume.

Le danger passé, Fanfan est accouru. Il a
trouvé ses électeurs mieux disposés que ja-
mais à lui accorder leurs suffrages.

Ne fallait-il pas, avant tout, nommer des
hommes « d'ordre ? » des hommes prêts à
s'opposer à *la désorganisation de la société,
à la guerre à outrance et au pillage?*

Il est inutile de dire de quelle manière
s'est comporté Fanfan, depuis son dernier
mandat. Arrêtons-nous seulement aux mésa-
ventures incroyables qui l'ont saisi comme
un étau et ne le lâcheront que dans l'éter-
nité.

Avant de quitter Versailles, Fanfan a fait
une confession générale de ses péchés, a as-
sisté à la messe, communié, salué les Ré-
servoirs, et est monté en voiture.

Suivons-le pas à pas.

A toute force il veut grimper sur l'impéria-
le. « Ça, dit-il, me rappelle l'empereur et

l'impératrice, sans compter que c'est là ma place, je domine. »

Pas d'incident en route, si ce n'est que les cahotements lui procurent la courbature et que son *poële* se bosselle comme une vieille vessie.

Arrivé à destination, il s'accroche aux courroies et descend du poulailler.

Personne pour l'attendre, pas même son cocher. Surprise incommensurable.

Il lève les yeux au ciel et lance cette apostrophe : « France dégénérée, qu'est devenu ce bon temps où les jeunes filles vêtues de blanc me présentaient un bouquet monstre et me complimentaient sur mes mérites infinis !

Où sont ces paysans qui criaient du fond du cœur : Vive le Baron de la Panetière, notre bienfaiteur, et s'attelaient à mon carrosse ! »

Une voix sépulcrale lui répond : Frère, il faut mourir !

Il prend en clopinant le chemin de son manoir.

Des enfants se le montrent du doigt et disent, assez fort pour être entendus de lui : «Voilà celui qu'on ne veut plus. »

Transportons sur les ailes de la pensée l'écloppé Fanfan jusqu'à sa demeure.

Le parc est fermé. Par la grille, il voit des choses qui le font tomber dans un ébahissement que Boquillon appellerait *imperpétueux*.

Ce sont ses valets de toute catégorie et ses filles de service, qui ont organisé un bal et se livrent aux danses les plus échevelées.

L'intendant, drapé dans un bel habit neuf du Baron, s'approche en souriant et lui dit à travers le grillage :

« Pendant votre absence, nous avons lu, réfléchi et compris enfin que, vous et vos pareils, ne vous gênez pas pour vous attribuer des droits que vous n'avez pas.

« Le peuple vous a confié la République aux mêmes conditions que vous nous avez confié votre maison. Quelle a été votre conduite?

« Vous le savez, M. le Baron, les domestiques se modèlent sur leurs patrons.

« Témoins de vos agissements, nous avons opiné de la sorte : D'après les principes du Baron, ce château et ce parc sont à nous. Barricadons toutes les issues et proclamons unanimement que nous sommes propriétaires et maîtres de ce dont nous avons la gérance.

« Ainsi dit, ainsi fait.

« Le bosquet que vous aimiez tant est rasé.
L'allée des Soupirs, par où vous introduisiez
vos maîtresses, est remplacée par des courges.

« A l'étang, où vous pêchiez à la ligne,
nous avons substitué un tas de pierres. Les
ronces croissent dans les carrés des fraisiers.

« Les bâtiments sont également transformés
de fond en comble. Nous avons mis le cel-
lier au grenier et les vieux meubles à la
cave.

« Les dindons et les poules sont au salon.
Nous élevons des lapins dans votre cabi-
net, et la bibliothèque loge une truie et ses
onze gorets.

« Et je vous assure, M. le Baron, que nous
ne nous faisons pas de bile ! Nous menons
la vie à toute bride, et usons et abusons de
votre bien comme du nôtre.

« Nous partageons le temps entre la bou-
bance et l'orgie.

« Le Bordeaux est délicieux et le Cham-
pagne mousse bien. Le Maryland est excel-
lent dans vos écumes.

« Il n'y a que vos redingotes, qui sont un
peu trop amples.

« Julie est plus fraîche que la rose et

Françoise est adorable. Marguerite est plus belle encore.

« Vous aviez choisi des bijoux pour vous servir, je vous en fais mon compliment.

« Ayez patience, Baron, et écoutez le plus important :

« Nos armes et nos munitions sont prêtes. Dans le cas où vous voudriez nous chasser de céans, vous vous heurteriez à des baïonnettes.

« Soyez calme et laissez faire, tont ira au mieux. Nous sommes en instance pour la vente de votre château, et sous peu nous tomberons d'accord.

« En attendant, cherchez un gîte chez les voisins, vous jugerez combien tout est changé dans ces parages... »

Frère, il faut mourir !

Fanfan enfonce, d'un coup de poing, son *poële* dans ses oreilles et se dirige vers la ferme d'un honnête paysan.

On était à table.

Le chef de famille, instruit de la réception faite à son hôte, feint de ne pas remarquer la mine effarée de l'étranger, et lui offre, comme autrefois Dentatus aux députés des Samnites, une portion de légumes dans une écuelle de bois.

Pour la première fois de sa vie, Fanfan n'a pas faim. Embarrassé de son paquet et de toute sa personne, il s'assied sur un banc.

On lui fait maintes questions ; il est en butte à maints quolibets. Il est humilié, mais résigné.

Dans les campagnes, le repas ne dure que quelques minutes et le sommeil suit le repas. Chacun se coucha tout habillé sur la paille de l'aire.

On a la politesse de donner un drap à Fanfan. Il s'en accommode de bonne grâce et fait le « nœud » avec la dextérité des jours où il couchait dans la crèche de sa bergerie.

Que la nuit paraît longue à la douleur qui veille !

Fanfan ne peut dormir. Mille pensées fâcheuses voltigent devant lui.

Quand il essaye de fermer l'œil, un chien aboie. Quand il remue, des fétus lui chatouillent les jambes...

Frère, il faut mourir !

Depuis cette nuit d'angoisses, Fanfan Boulard a visité tous les villages, tous les hameaux, toutes les métairies de son canton.

Il s'est fait plus petit qu'un nain et a rampé comme un reptile.

Pour jouer son rôle au naturel, il a jeté aux orties son lorgnon, son col gigantesque, sa canne et son habit pointu.

Il s'est coiffé d'un chapeau de paille pyramidal, a vêtu une blouse et des pantalons bleus, et a chaussé des souliers ferrés.

C'est dans cet accoutrement que Fanfan fait sa « tournée » et travaille les « masses ».

Il serre les mains calleuses, distribue des dragées aux enfants, est galant avec les nourrices et promet des boucles d'oreilles à toutes les femmes.

Le soir, il fait des convocations et prononce des discours familiers, dans le but de démontrer que la République est le pire des gouvernements, et que l'Assemblée actuelle est seule capable de régénérer la France et de sauvegarder la chaumière.

Mais Fanfan est poursuivi par un tel guignon, qu'il a cet amer déboire de voir tout le monde lui rire au nez.

Quand les sifflets et les huées ont interrompu la péroraison de Fanfan, le premier venu de ses auditeurs monte sur une table et dit :

« Citoyens, vous avez devant vous un de

ces loups ravisseurs qui s'affublent d'une peau de brebis pour dévorer le troupeau.

« Jusqu'ici, alléchés et trompés par un semblable langage, nous avons été la vache à lait des intrigants. On s'est moqué de nous et l'on a vécu à gogo de notre bêtise.

« A l'heure qu'il est, un peu de lumière a dissipé les ténèbres épaisses dans lesquelles ces mêmes hommes nous ont systématiquement tenus.

« Nous connaissons aujourd'hui nos amis et nos ennemis; nous connaissons le gouvernement qui est le nôtre et le gouvernement qui est celui d'une aristocratie altière et sans entrailles.

« Nous l'avons vue à l'œuvre, cette Assemblée qui ose se targuer de prendre à cœur nos intérêts. Nous sommes au courant de ses menées. Nous avons pris note jour par jour de ses actions.

« Nous demandons un règlement de compte. Il nous tarde d'avoir des représentants qui fassent des lois en notre faveur, au lieu de les faire contre nous.

« Les campagnes, sauf de rares exceptions, sont républicaines. La grande voix du peuple se fait entendre d'une extrémité à l'autre de la France.

« Oui, nous voulons la République démo-
cratique et nous l'aurons, dussions-nous mourir en combattant pour elle, car notre sang
serait l'émancipation et le bonheur de nos enfants.

« Vive la République !.. »

Profondément découragé, et estimant toute
tentative inutile, le baron de la Panetière vient
d'écrire à M. Grévy la lettre suivante :

Du bourg des Flagellants, ce 2 Septembre 1872.

Monsieur le Président, j'ai consulté, inter-
rogé mes électeurs sur tous les points de ma
circonscription, et j'ai acquis cette certitude
qu'ils réclament TOUS la dissolution de l'Assemblée.

Un gentilhomme doit s'incliner devant la vo-
lonté souveraine si nettement exprimée.

Je vous prie donc, M. le Président, de vou-
loir bien accepter ma démission.

J'ai l'honneur, etc..

Baron de la Panetière.

Tant d'émotions et de vicissitudes ont al-
téré la précieuse santé du noble Fanfan.

Il est au lit, chaudement emmitouflé dans
un colossal bonnet à poil.

Les médecins déclarent sa maladie incura-
ble.

Frère, il faut mourir !

Sic transit gloria mundi.

Typ. BONNARDEL, à Nyons.

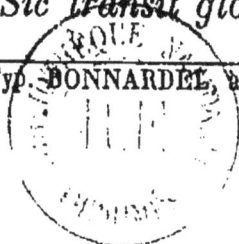

Par le même :

LA FEUILLE

Du Prolétaire

Journal politique

des **Paysans** et des **Ouvriers**

Paraissant tous les Jeudis à Nyons
(Drôme)

Prix : Drôme et Départements limitro-
phes, 1 fr. 50.
par trimestre

On demande des Dépositaires.

S'adresser, pour demandes et renseignements,
à Bonnardel, imprimeur à Nyons.

———

www.ingramcontent.com/pod-product-compliance
Lightning Source LLC
Chambersburg PA
CBHW061805040426
42447CB00011B/2496